DERNIERS COMBATS

1870-1871

ENGAGEMENT DE VAUX

(31 janvier 1871)

PAR

LEDEUIL D'ENQUIN

ANCIEN OFFICIER TERRITORIAL

BESANÇON

IMPRIMERIE MILLOT FRÈRES ET Cⁱᵉ

20, Rue Gambetta 20

1899

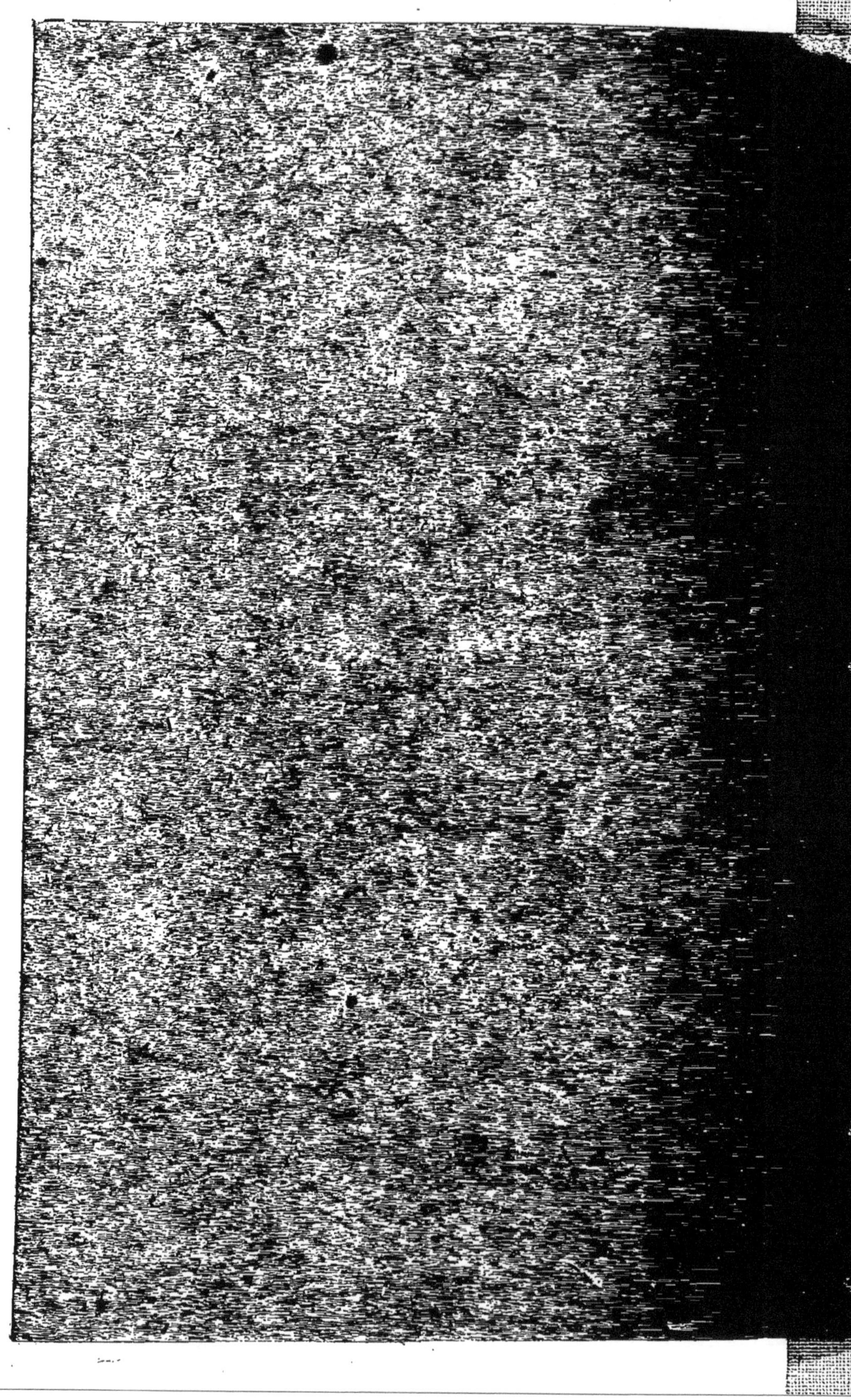

DERNIERS COMBATS

1870-1871

ENGAGEMENT DE VAUX

(31 janvier 1871)

PAR

LEDEUIL D'ENQUIN

ANCIEN OFFICIER TERRITORIAL

BESANÇON

IMPRIMERIE MILLOT FRÈRES ET Cᵉ

20, Rue Gambetta, 20

1899

DERNIERS COMBATS

1870-1871

ENGAGEMENT DE VAUX

(31 janvier 1871)

Le 31 janvier 1871, les troupes de notre armée de l'Est, bernées depuis deux jours par une armistice qui ne devait pas la toucher (et qu'on affirmait *logiquement* générale), étaient acculées à la frontière. L'ennemi, mieux renseigné, coupait par marches forcées, de Pontarlier à Mouthe, nos colonnes qui s'écoulaient, presque sereines, sur les hauteurs neigeuses de la chaîne élevée des monts Jura. Agonie terrible d'une armée marchant avec une auréole de paix, se croyant couverte par l'armistice et qui, à chaque pas, était talonnée par les brigades prussiennes profitant de notre désarroi et de notre illusion d'une trêve, pour couper hardiment, par échelon, la dernière de nos routes de retraite.

C'est dans une telle disposition d'esprit que les débris de la 1re division du 15e corps recevaient l'ordre de se porter à Vaux pour se joindre à la division du général Ségard et concourir avec elle à la défense de ce village qui, par une vallée étroite, donne passage sur celle de Pontarlier à Mouthe ; ce point au pouvoir de l'ennemi lui permettait de couper notre armée en deux. Il s'agissait de permettre au reste d'une partie de l'armée de se diriger, sans être inquiétée, sur la frontière suisse, suivant des ordres officiels lus au rapport, après un gros engagement qui avait eu lieu en avant de Pontarlier.

La 1re division du 15e corps avait pour général de division le général Dastugue, et pour la brigade dont faisait partie le 12e régiment de mobiles (Nièvre), le général Minot. Ces deux généraux furent faits prisonniers deux jours auparavant, à la tombée de la nuit, à l'affaire de Sombacourt. Le 12e mobiles était commandé par M. de Veyny, lieutenant-colonel, qui, se trouvant le plus ancien en grade des autres chefs de corps survivants, faisait fonctions de général de division.

La 1re division du 15e corps partait, le 31 janvier 1871, d'Oye, à dix heures du matin, pour renforcer, comme nous l'avons dit, la division Segard, ainsi que le prescrivait l'ordre du corps d'armée. M. de Pracomtal, qui commandait le 1er bataillon du 12e mobiles, était en tête de colonne.

Le lieutenant de Chambure (4e compagnie du 1er bataillon du 12e mobiles), dans son carnet d'étapes, relate ainsi cette marche : « Nous quittons Oye le cœur plus joyeux, en serrant la main du bon instituteur qui nous a si généreusement offert l'abri de son toit. Le soleil brille radieux sur la terre blanchie, il semble nous dire que voici bientôt la fin de nos maux.

» Le défilé se fait en bon ordre, les zouaves, les bataillons de mobiles de la Savoie et de la Charente, réduits des trois quarts, nous précèdent ; nous les suivons lentement sur un chemin encombré de soixante centimètres de neige. L'air est tiède, les montagnes aux sommets rosés se détachent en relief, on entend dans la colonne, chose rare depuis longtemps, de joyeuses chansons et les éclats de rire de notre entrée en campagne.

» Voici Granges-Sainte-Marie, hameau à mi-chemin de notre étape. Vers une heure, nous achevons notre huitième kilomètre et Vaux nous apparaît au fond de la vallée. La colonne s'arrête sur la grande route de Salins. »

Nous assistons — dit l'historique du 12e mobiles,— au défilé de la division du général Martinez , qui ne peut nous renseigner sur la position de l'ennemi ; sa division venait de Bonnevaux où elle avait passé la nuit. Nous crûmes donc avoir le temps de cantonner et l'ordre en fut donné. Le village de Vaux est situé à l'extrémité d'une gorge étroite dominée par deux montagnes très élevées et couvertes de sapins.

En arrivant en vue du village de Vaux, mais en avant d'un chemin en talus avec un pont qui croise la petite vallée, le colonel de Veyne donna ordre au commandant de Pracomtal d'occuper le village avec une partie du 1er bataillon, tandis que lui, avec le reste du régiment et les autres troupes , restaient.

Le commandant de Pracomtal entre dans le village avec trois compagnies seulement, passablement réduites et comprenant en tout 150 hommes. C'était : la 1re compagnie, capitaine du Pré de Saint-Maur ; la 2e compagnie, capitaine Comte ; la 4e, lieutenant de Chambure.

Pendant que les hommes forment les faisceaux et se disposent à faire la soupe, le curé de Vaux me proposait — dit le commandant de Pracomtal — de monter dans le presbytère avec mes officiers pour nous chauffer. Nous n'y étions pas depuis cinq minutes que je me dirigeai à la fenêtre, afin de me rendre compte de la topographie du pays; mais alors je vis une colonne prussienne (que je distinguai de suite à leurs casques) qui marchait sur la route arrivant de la montagne. Nous n'avions pas encore eu le temps d'établir nos grandes gardes, ni petits postes de surveillance.

En effet, la compagnie d'éclaireurs de la division (capitaine Cellier, des tirailleurs), arrivée avant la colonne et placée entre Vaux et Bonnevaux, avait été surprise. Cette compagnie, qui s'était cantonnée à l'usine de Martinet, faisait la soupe lorsque M. Jeunet, Adolphe, usinier, aperçut deux hulans. Il donna aussitôt l'alarme, mais l'avant-garde française était bientôt cernée dans son cantonnement par un détachement prussien et se rendait sans avoir eu le temps de se reconnaître.

Il en résulta un certain désarroi : «J'installe — dit le lieutenant de Chambure — ma 4e compagnie dans une grange monumentale ; ces hommes presque à jeun commençaient à construire leurs cuisines en plein vent. En attendant mon rata, je m'occupe à régler des comptes d'ordinaire, lorsqu'un paysan, tout effaré, pénètre précipitamment dans la maison en criant : *Voici les Prussiens !* Je boucle mon ceinturon et, mon sabre à la main, je cours à la hâte. J'encourage les hommes de ma compagnie, je les fais sortir vivement du fenil où la plupart d'entre eux se reposent et je rejoins le commandant de Pracomtal qui, à la tête d'une cinquantaine d'hommes, donne des ordres à Saint-Maur et à Comte.

Le commandant de Pracomtal n'avait fait qu'un bond pour descendre du presbytère et monter à cheval pour rendre compte à son colonel de ce qui se passait après avoir donné l'ordre à ses officiers d'ouvrir le feu. Le colonel de Vegny fut très embarrassé : l'armistice avait été lue au rapport deux jours auparavant. Il répondit au commandant de faire ce qu'il voudrait. La décision du commandant de Pracomtal ne fut pas longue. Placé là pour protéger la retraite de l'armée, il regagnait le village, passant le chemin en talus sous le feu ennemi, pour diriger la défense.

Les trois compagnies réunies à la hâte, auxquelles s'étaient joints isolément des officiers et mobiles des autres bataillons, se barricadèrent dans les premières maisons. Pendant une heure et demie, nous maintenons l'ennemi, nous fusillant à deux cent cinquante mètres seulement, en l'empêchant de pénétrer dans le village.

Pendant ce temps, les autres régiments de la division avaient disparu.

« Nous venions de mettre sac à terre — dit le mobile C. Bernard, blessé pendant l'affaire — quand quelques officiers aperçurent des éclaireurs prussiens qui arrivaient sur la hauteur, de l'autre côté du bourg où j'étais avec quelques camarades. Nous nous sommes portés à l'extrémité du pays, mais en arrivant, une colonne débouchait sur nous. Une maison nous en séparait; elle fut disputée longtemps entre des zouaves du 1ᵉʳ de marche et nos adversaires. A la fin, les zouaves durent l'évacuer.

Ce fut encore une dernière surprise — dit le lieutenant de Chambure, — la première maison, mal défendue, fut occupée aussitôt, et servit d'abri aux nombreux soldats qui soutinrent le feu contre nous...

Je faisais partie de la 7e compagnie du 3e bataillon de la Nièvre dont il restait encore une cinquantaine d'hommes, dit le sergent Gaujour, quand nous fûmes attaqués ; nous étions dans le bas du village, les hommes faisaient la soupe ; la surprise fut d'autant plus grande que nous croyions à une suspension d'armes. Etant seul de sergent et n'ayant pas d'officiers présents, je portais immédiatement mon petit noyau de braves sur la hauteur du village, en bordure de la plaine ; l'endroit offrait de sérieux abris comme murs (*maison Vuillaume, Hippolyte, actuellement en jardin*). Après les avoir placés, je trouvai pour moi une place exceptionnelle pour un bon tireur. C'était une maison incendiée n'ayant que les quatre murs et deux fenêtres face à l'ennemi (*maison Dame, Jean-Baptiste*). Nous répondons au feu des Allemands ; peu après le 1er bataillon prend position à droite et à gauche, se mêlant à nous. Nous n'étions pas les seuls du 3e bataillon. Un capitaine de la compagnie de Fourchambault, M. Gallois, je crois, avait aussi sa compagnie à notre gauche.

J'indiquai aussitôt à mon lieutenant Jourdan — dit le capitaine Comte — quelques maisons dans lesquelles je lui donnai l'ordre de s'établir avec la moitié de mes hommes, afin de viser par les fenêtres. Moi-même je me portai avec l'autre moitié de la compagnie dans une autre maison et nous nous installâmes aux fenêtres et dans la toiture. En face de la maison où j'étais se trouvait un petit vallon de chaque côté duquel s'élevaient des hauteurs garnies de sapins. L'ennemi occupait ces deux hauteurs et, dans le petit vallon lui-même, étaient un certain nombre de tirailleurs couchés dans la neige ou masqués derrière des obstacles recouverts de neige.

» Nous répondions de notre mieux à la fusillade ennemie, et moi-même, voyant tous mes hommes bien placés, je pris le fusil de l'un d'eux et je me donnai le plaisir de faire le coup de feu. Nos coups portaient souvent car, à plusieurs reprises, des groupes de tirailleurs ennemis emportaient des morts ou des blessés.

Les trois compagnies s'étaient partagées instinctivement le village et de toutes les demeures abandonnées le feu était bien nourri. La distance était excellente pour le tir et nos hommes ne tardèrent pas à voir l'effet de leurs feux. (Lieutenant de Chambure).

Les Prussiens qui ne pouvaient tous s'abriter derrière les deux maisons en leur possession sur la route étaient frappés à droite et à gauche.

Les mobiles souffraient peu des balles qui pleuvaient sur le village et frappaient les murailles, les portes et les fenêtres sans causer grand mal. Ils ajustaient tout à leur aise et, oublieux du danger, ils riaient et poussaient des cris de joie en voyant leurs ennemis tomber. C'est là le premier effet de la guerre, d'endurcir le cœur le plus doux et de faire commettre avec ivresse des actes dont on aurait l'horreur en temps de paix ! (Lieutenant de Chambure).

Le rôle des officiers était, en cette occurrence, de diriger le feu des hommes, — dit le lieutenant de Chambure — de les placer dans les meilleures positions, de les prémunir contre toute imprudence inutile, de donner du cœur aux lâches par leur entrain personnel. Je parcourus le village pour surveiller mes soldats très disséminés et empêcher un bon nombre d'entre eux de rester inactifs derrière leurs camarades. Je m'arrêtai quelques instants près de la maison d'école à contempler une statue de la vierge qui, isolée, voyait siffler les balles à l'entour d'elle.

Il y avait partout un grand entrain et notre tir, très bien dirigé, causait des pertes sensibles à l'ennemi ; les moindres mouvements des Prussiens étaient facile à surveiller, ils s'efforçaient de s'emparer du pont afin de diriger leurs masses sur le village, mais il fallait pour cela s'exposer à découvert à nos balles.

Les officiers allemands, le sabre au poing, piquaient les soldats dans le dos pour les faire avancer, mais c'était peine inutile. Un ou deux soldats plus hardis gagnèrent, au milieu des balles, les parapets du pont, et, ainsi abrités, tiraient à cent mètres sur nos mobiles. On voyait paraître et disparaître la pointe du casque, sans pouvoir atteindre le tireur. L'un d'eux fut ainsi tué après des efforts d'adresse multipliés de la part d'un sergent du 3e bataillon, qui s'était joint à nous, ainsi qu'un bon nombre d'officiers de notre régiment dont les hommes avaient été faits prisonniers, le 29, à Sombacourt.

Au bout d'une heure de cette défense improvisée, le commandant de Pracomtal voyant que les Prussiens gagnaient la hauteur, se porta seul par le chemin des talus, vers la division, où il retrouva le colonel de Veyny et le commandant Perdonnier, assez bien abrités et hors de vue de l'ennemi. La division avait prise, sur son ordre, le chemin de la frontière et il partait avec l'arrière-garde.

Le commandant de Pracomtal s'était gravement exposé en sortant du village. Aussi, à son retour, ce n'était plus des coups de feu isolés qu'il recevait, mais le feu d'un peloton. Il ne fut heureusement pas victime de sa témérité.

Lassé de cette lutte qui leur causait des pertes sans leur permettre d'avancer, les Prussiens dirigèrent alors contre nous deux pièces de campagne qui commencèrent à déranger le tir des nôtres, en faisant tomber sur eux des pans de murailles et des tuiles brisées. Le sergent Gaujour fut blessé par le premier obus, un second l'enfouit sous un pan de mur ; il a survécu à sa blessure.

Le commandant de Pracomtal, jugeant que la défense ne pouvait se continuer, donna l'ordre de battre en retraite. Ce fut le sous-lieutenant de Chaligny, de la 1re compagnie, qui fut chargé de porter cet ordre à tous les officiers, tâche qui n'était pas sans péril, puisqu'il fallait traverser une grande partie du village, sur lequel on tirait sans interruption.

On gagna, à l'abri des maisons, la route. La neige était épaisse et profonde, un ruisseau coulait au milieu de la prairie qu'il fallait traverser ; la tâche était assez pénible ; plus d'un soldat, trop impatient, tomba dans l'eau glacée en voulant franchir l'étroite planche qui servait de pont. Le cheval de l'officier payeur glissa dans l'eau et y fut abandonné.

L'évacuation des maisons se fit en ordre. Le capitaine de Saint Maur, en traversant la petite place, eut ses vêtements déchirés par une balle. Il n'y faisait pas bon — dit le capitaine Comte — les Allemands, placés sur les hauteurs voisines, dominaient cette place et la criblaient de balles. En sortant d'une maison où je venais de conduire un blessé, je trouvais le commandant de Pracomtal, à cheval, qui me dit que le village était presque cerné, et que l'on retraitait par une espèce de ruelle encaissée qu'il me désigna de la main et qui conduisait en arrière du village du côté de la frontière. Il m'invita à en faire vivement autant avec les hommes qui étaient avec moi. Je lui répondis : Eh bien, vous ne venez pas avec nous !

— Je suis à cheval, répondit-il, et ma

jument ne peut passer par le sentier que vous allez trouver.

Et en même temps, il s'élance au galop sur le chemin par lequel nous étions arrivés. Suivant des yeux mon malheureux commandant couché pour ainsi dire sur sa monture, il passa comme un éclair devant les tirailleurs allemands qui le saluèrent d'une salve de coups de fusil. Continuant sa course fantastique, il disparaissait enfin derrière un pli de terrain, sain et sauf.

Ramené au sentiment de la réalité par le sifflement de plusieurs balles, j'entraînai mes hommes dans la ruelle que venaient de suivre nos camarades un moment auparavant.

La colonne se reforma sur la grande route, nous nous trouvâmes presque tous, à l'exception d'une vingtaine d'hommes blessés et de quelques lâches qui se laissèrent prendre dans les granges ou sur les fenils.

Pendant l'action, les officiers du 12ᵉ régiment de mobiles firent preuve de bravoure, ramassant les fusils et les cartouches de ceux qui étaient tombés en faisant le coup de feu. Les compagnies de Château-Chinon (1ʳᵉ), Châtillon (2ᵉ), et Montsauche (4ᵉ), guidées par leurs braves officiers, MM. de Saint-

Maur, Comte et de Chambure, se com-
portèrent comme de vieux soldats.
D'autres noms nous échappent. Citons
encore le capitaine adjudant-major de
Montrichard.

Le commandant de Pracomtal qui di-
rigeait la défense était un ancien officier
de cavalerie, décoré de la médaille de
Crimée, chevalier de la Légion d'hon-
neur, il est mort à Paris le 1er avril 1899.
Il gagna avec sa troupe le village des
Granges-Sainte-Marie, au bruit des
huras poussés par les Allemands qui
entraient dans le village de Vaux, après
avoir longtemps hésité, craignant sans
doute un piège et ne trouvant que les
morts qu'on y avait laissé.

Ceux-ci étaient au nombre de huit :

1° Loubreau, Claude, sergent à la 2e
du 1er bataillon du 12e régiment.

2° Masacrier, Jean, mobile à la 2e du
1er bataillon du 12e régiment.

3° Clément, Joseph, mobile à la 1re du
1er bataillon du 12e régiment.

4° Chauveau, Emile, mobile à la 1re du
1er bataillon du 12e régiment.

5° Chausson, Simon, mobile au 69e de
marche.

6° Bresilliac, mobile des Landes.

7° Thevenard, François - Marie, ca-
nonnier au 16e d'artillerie.

8° X., légionnaire du Rhône.

Enfin, un habitant fut tué chez lui. M. Elie-Melchior Chiffier, âgé de cinquante-six ans, se trouvait dans la cuisine de sa maison, lorsque sa locataire, Mlle Julienne Paulin, qui voyait et entendait ricocher les balles contre les maisons voisines, vint, au début de l'action, l'avertir du danger qu'il courait en laissant sa porte d'entrée ouverte.

M. Chiffier la referma mais, en moins de temps qu'il n'en faut pour le dire, une balle prussienne, venant de la maison Emile Cordier, vint l'atteindre à l'aine gauche, et alla ensuite se loger dans une porte de fer. La blessure qui, tout d'abord, paraissait peu grave, obligea M. Chiffier à s'aliter.

Malgré les soins empressés de ses jeunes enfants et d'une sœur de Bonnevaux, il mourait, le 16 février, dans de cruelles souffrances.

Nos pertes furent de dix-huit hommes tués ou blessés. Les Prussiens en ont avoué depuis plus de quatrevingts. (Historique du 12e mobiles).

La colonne prussienne engagée se composait de deux bataillons, un peloton de dragons et une batterie, sous les ordres du lieutenant-colonel Liebe.

Nous ne devons pas clôturer le récit de cet engagement sans donner le reste des détails de cette journée du 31 janvier 1871.

Le 31 janvier 1871, le général de Busserolle, commandant la 3e division du 24e corps, au bruit de l'engagement de Vaux, appelle à lui sans délai les troupes cantonnées à Rochejean et marche au canon vers Saint-Antoine, où le reste de la division est cantonné. Il apprend que l'ennemi prétend n'avoir reçu aucun avis d'amnistie et qu'il vient de surprendre à Bonnevaux et à Vaux les troupes du 15e corps qui, se fiant sur l'armistice, n'ont pris aucune précaution.

Persuadé que cette reprise d'hostilité est le résultat d'une erreur et que le temps a peut-être manqué pour faire parvenir la notification de l'armistice sur tout le front des armées allemandes, le commandant Chevillot, chef d'état-major, se porte parlementaire vers Vaux. Là, il se plaint au chef allemand de cette reprise d'hostilité ; on lui répond qu'aucune notification d'armistice n'a été faite aux troupes allemandes et qu'elles ont au contraire reçu l'ordre de pousser très vivement les hostilités. L'officier allemand prie le commandant

Chevillot de se retirer, le prévenant que dans une demi-heure ses troupes marcheront en avant.

Pendant ce temps, le général de Busserolle, ayant sous sa main, à Métabief et Saint-Antoine, la 1re légion du Rhône et une batterie, la dirige sur Granges-Sainte-Marie ; le reste de la division arrive peu après. Il lui fait prendre position avec infiniment de peine sur les hauteurs de droite et de gauche du défilé formé par les lacs de Saint-Point et de Remoray, en ce moment assez fortement glacés pour supporter un cavalier. Il fait occuper aussi la route conduisant à Gellin, dans la partie qui avoisine le lac de Remoray. Mais ce n'est qu'avec une peine infinie, qu'en doublant les attelages, on peut établir une batterie, à proximité de la route des Granges-Sainte-Marie ; le reste de l'artillerie se tient un peu plus haut, à proximité de la route qui va aux Hôpitaux-Neufs.

Pendant ce temps, les troupes, surprises à Vaux, se retirent par la route de Vaux, à Granges-Sainte-Marie, les Hôpitaux-Neufs et Jougne. La position de la 3e division, sur le passage des colonnes qui battent en retraite est un danger. Nombre de soldats parviennent

à se faufiler parmi eux, d'autres s'é-
chappent des rangs sous mille prétextes
et, à la faveur des bois, rejoignent les
fuyards. La vigilance des officiers ne
parvient pas à les arrêter. Les effectifs
diminuent d'heure en heure. Le général
de Busserolles reste néanmoins sur ses
positions pour protéger la retraite. Il
fait casser la glace des lacs et préparer
l'incendie du pont sur le Doubs, qui
relie les deux lacs, afin d'arrêter, *au be-
soin*, l'ennemi sur ce point.

A dix heures du soir, les dernières
troupes venant de Vaux se sont écou-
lées. Le général de Busserolles envoye
son chef d'état-major, le commandant
Chevillot, au général commandant le
corps d'armée pour prendre ses ins-
tructions, attendu l'extrême fatigue des
troupes restées au drapeau et le défaut
de vivres et d'abri par une température
des plus rigoureuses. Le chef d'état-
major apporte l'ordre de se replier sur
les Hôpitaux-Neufs, les Hôpitaux-Vieux
et Touillon. Le mouvement s'effectue
de nuit sans avoir été inquiété par la
colonne allemande restée à Vaux.

Tels sont les incidents principaux de
cette journée.

Après vingt-neuf ans, nous avons entrepris de rendre hommage aux der-

nières victimes de cette triste guerre.

Les souscriptions que nous avons personnellement recueillies, la subvention que le Souvenir français nous a allouée, a permis d'achever notre but en faisant exécuter une statue de bronze de 3 mètres de hauteur, représentant un officier défendant son drapeau. Enfin, la commune de Vaux et Chantegrue a entrepris pour son compte le piédestal.

Ce monument sera érigé et inauguré en juillet 1899.

Que ce pieux hommage soit une consolation pour les familles de ces martyrs de la patrie et en même temps une évocation pour nos jeunes générations qui sauront, à leur tour, s'immortaliser sous les plis de notre drapeau

Ledeuil d'Enquin.

Besançon, imp. Millot frères et Cᵒ